DANKE, DASS DU AUF MEINER FIRMUNG WARST.

ICH WÜRDE MICH ÜBER EIN PAAR NETTE WORTE FREUEN.

ALLES IST ERLAUBT!

Printed in Poland
by Amazon Fulfillment
Poland Sp. z o.o., Wrocław

75768707R00069